¡Ssssssshhhhhhhhhhh!

Haz del teatro algo íntimo
Llévalo siempre en el bolsillo

Cubierta y diseño editorial: Éride, Diseño Gráfico
Dirección editorial: ángel jiménez

Primera edición: marzo, 2026

locuras paralelas
© Gabriela García
© Paco Mir
© VdB, 2026
Espronceda, 5
28003 Madrid

VdB®

ISBN: 979-13-87644-10-9
Depósito Legal: M-9781-2026
Diseño y preimpresión: Éride, Diseño Gráfico

Este libro protege el entorno

locuras paralelas

Gabriela García (Argentina, 1956). Comenzó su carrera teatral EN 2009 como integrante del Elenco Municipal de Teatro de Villa María. En 2016 se unió al colectivo «Teatro de Herejes», dirigido por Brarda, donde ha actuado en producciones destacadas como *Amerindio, historia de una masacre,* y obras propias: *El Real Hotel* (2017), *Teatro Cubo* (2019), *Cerca* (2020), y *Código 24712,* obra de su autoría que continúa en cartelera. Desde octubre de 2024, Gabriela ha asumido la presidencia de la Asociación Civil Sin Fines de Lucro «Teatro de Herejes». Como gestora cultural, ha liderado la restauración y refuncionalización de dos edificios de valor patrimonial en Villa María, convirtiéndolos en centros culturales y espacios dedicados a las artes escénicas. En 20254 fue la ganadora del Primer Certamen Internacional de Literatura Dramática, (dirigido a dramaturgas y dramaturgos mayores de 55 años) organizado por SECUENCIA3 con la obra *Locuras paralelas*.

Paco Mir. Nací en el 57 y enseguida vieron que era varón y que tendrían que llamarme Francisco, que era lo tradicional en la rama Mir de la familia. De pequeño pasé por una etapa de "Currito" (para diferenciarme de mi padre, a quien llamaban Curro) e incluso por una de "Currito de Oro" que años más tarde utilicé como pseudónimo de un personaje que era torero. Finalmente todo el mundo se puso de acuerdo y me llamaron Paco. Después de patear escenarios de todo el mundo durante casi 40 años, de crear ocho obras con TRICICLE, de escribir un montón, de ganar dos premios Max, de producir varias series de televisión, de crear campañas de publicidad y de adaptar y dirigir más de cincuenta títulos de teatro, zarzuela y ópera, aún tengo la sensación de que estoy en el mundillo del espectáculo por casualidad.

GABRIELA GARCÍA
PACO MIR

locuras paralelas

Esta obra se estrenó en el Teatro José María Rodero de Torrejón de
Ardoz (Madrid) el 11 de abril de 2026 interpretada por
Dafne Fernández (LUZ), Sergio Mur (GABRIEL),
Diana Palazón (LETICIA) y Fernando Andina (GUILLERMO).

Dirección: Paco Mir.

Personajes

Pareja uno

GUILLERMO	Médico
LUZ	Arquitecta

Pareja dos

GABRIEL	Arquitecto
LETICIA	Médica

2 🚺 2 🚹

¿Quién abre o cierra las puertas de los mundos paralelos? ¿Cuándo perdemos la noción de lo que es real o no? ¿Acaso ignoramos que somos creadores de mundos? La línea que separa los mundos paralelos es perceptible solo para algunas almas que han aprendido a vibrar en una frecuencia mayor. No es atributo de nadie. Pero muy pocos lo logran. Cruzar la línea es solo de valientes. Si queremos nadar hacia el amanecer debemos alejarnos de la costa.

Aferrados a su amor, LUZ y GABRIEL buscan este nuevo amanecer.

Escena 1
Noche día 1. Jueves noche

> *Las dos parejas viven en la misma casa, pero transitan por dimensiones diferentes. hacen vidas totalmente independientes sin verse. Las escenas transcurren en un living comedor de una casa moderna. en él hay un sofá de dos cuerpos, una mesa con cuatro sillas y tres salidas que representan la cocina, el dormitorio y la calle.*
> *LUZ y GUILLERMO se encuentran en la mesa, terminando de cenar. LETICIA y GABRIEL están en el sofá escuchando música y tomando un trago.*

GUILLERMO   Exquisita la comida, Luz. exquisita, definitivamente...

LUZ   ¿Qué...?

GUILLERMO   El pollo relleno es tu especialidad.

LUZ   Sí, ya,seguro...

GUILLERMO   De verdad...

Luz	Pero si siempre dices lo mismo. Parece que todas las comidas son mi especialidad.
Guillermo	Es que cocinas para los dioses.
Luz	Ya... (*Provocadora.*) ¿Y solo eso hago bien?

(GUILLERMO *se le acerca por detrás, la abraza por la cintura y le susurra al oído.*)

Guillermo	No sé... tendrías que recordarme qué otras cosas haces bien, tengo tan mala memoria.
Luz	¿Sí?
Guillermo	Horrorosa.
Luz	(*Se lo lleva al dormitorio.*) Pues te las voy a recordar ahora mismo.

(*Se ríen. Juegan. Levantan la mesa y se van al dormitorio.*)

Leticia	Esta música me transporta.
Gabriel	A mí lo que me transporta son tus comidas. Definitivamente, Leticia...
Leticia	¿Qué...?
Gabriel	El pollo relleno es tu especialidad.
Leticia	Sí, ya,seguro...

GABRIEL   De verdad...

LETICIA   Pero si siempre dices lo mismo. Parece que todas las comidas son mi especialidad.

GABRIEL   Es que cocinas para los dioses.

LETICIA   Ya... (*Provocadora.*) ¿Y solo eso hago bien?

(GABRIEL *la atrae hacia sí y la besa.*)

GABRIEL   No sé... tendrías que recordarme qué otras cosas haces bien.... tengo tan mala memoria.

LETICIA   ¿Sí?

GABRIEL   Horrorosa.

LETICIA   (*Se lo lleva al dormitorio.*) Pues te las voy a recordar ahora mismo.

GABRIEL   ¿Todas?

LETICIA   Todas y unas cuantas más que quiero probar.

GABRIEL   ¿Probar? ¿Qué quieres probar?

LETICIA   Cosas...

GABRIEL   ¿Cosas...?

(*Entran en el dormitorio.*)

Escena 2
Día 2. Viernes mañana

Inicio del día. GUILLERMO *entra con dos tazas negras y hablando por teléfono.*

GUILLERMO   Claro, claro, claro, por supuesto, ¡menuda sorpresa! Claro, claro, no sabes la alegría que me das, claro, claro, sin problema, claro, claro, de nada, a vosotros.

LUZ   *(Entra del dormitorio con sus cosas.)* ¿Qué es lo que está tan claro?

GUILLERMO   La próxima semana inauguran la nueva sala de maternidad en el Hospital...

(Empieza a mandar un wasap.)

LUZ   ¿Y...?

GUILLERMO   ¿Qué?

LUZ   ¿Qué quieren de ti?

GUILLERMO   ¿Quién?

LUZ   ¡Los del hospital!

GUILLERMO   ¡Ah! Me han pedido que diga unas palabras.

LUZ   ¿Y no te lo esperabas?

GUILLERMO   Sí, claro, soy el jefe de obstetricia.

LUZ   Pero has dicho: «¡menuda sorpresa! ¡Eso sí que no me lo esperaba!».

GUILLERMO   Sí, ya, era el gerente del hospital, le gusta sentirse importante...

LUZ   Menudo pelota estás hecho...

GUILLERMO   No, no soy pelota, solo me gusta quedar bien. Lo que no sé es qué voy a decir...

LUZ   Pues repite el mismo discurso que diste cuando se inauguró la maternidad antigua. Nadie se dará cuenta.

             (*En algún momento entran* LETICIA *y* GABRIEL *con sus desayunos y se sientan.* GABRIEL *está llamando por teléfono.*)

GUILLERMO   Por favor, Luz, no es para tomárselo en broma, ya sabes lo nervioso que me pongo hablando en público.

LUZ   No te preocupes... Lo harás bien, (*Cómplice.*) como todo lo que haces.

GUILLERMO	¿Lo dices por lo de anoche, no? *(Ríen.)* La verdad es que sí, estuve bien, bueno, incluso diría que más que bien, yo mismo me sorprendí de mis recursos...
LUZ	Bueno, ahora no te vengas arriba... que tampoco tienes veinte años...
GUILLERMO	Exacto, y ahí está precisamente el secreto, en la experiencia...

(Ríen.)

LUZ	*(Abre el ordenador.)* Yo te ayudo a escribir algo...
GABRIEL	*(Por el teléfono.)* Nada, salta el contestador.
LETICIA	¿Para qué obra es?
GABRIEL	La de Hortaleza, si hoy no entregan el material que falta, no sé qué haremos. El capataz está que arde; tiene a la mitad de los obreros parados. Nada, no contesta.
LETICIA	No contesta, porque no te quiere contestar, está claro. ¿Llamo yo desde mi teléfono, que no conoce el número?
GABRIEL	Prueba. 623 39 40 12.

(Los dos llaman mientras hablan.)

LUZ	Lo importante es saber qué quieres decir, explicarlo es lo más fácil.
GUILLERMO	Ya...
LUZ	¿Qué quieres decir?
GUILLERMO	Querer, querer, no quiero decir nada; tengo que decir algo, que es muy diferente...
LUZ	Ya, pero algo tendrás en mente, ¿no?, algún concepto global sobre maternidades...
GUILLERMO	Pues... sí, a ver, maternidades...
LETICIA	No contesta. ¿Qué puedes hacer?
GABRIEL	Nada. Esperar. (*Llaman al teléfono.*) Es Manuel, el capataz.
LETICIA	No contestes. Hasta que no sepas si tienes o no tienes material, no le contestes.
GABRIEL	No puedo no contestarle
LETICIA	¿Por qué?
GABRIEL	Porque es precisamente de lo que me estoy quejando, de que no me contestan.
LETICIA	Te quejas de que no te contestan nunca, esta sería la primera vez que tú no contestas.

GABRIEL	Y la segunda será dentro de un minuto, porque no va a dejar de llamar. Si no traen el material, no cumpliremos los plazos, tendremos penalizaciones, se tendrán que renovar los permisos... ¡joder! Y me tiene que pasar justo ahora, que estoy hasta arriba con el proyecto del barrio de Los Álamos. ¿Te vas?
LETICIA	(*Poniéndose la chaqueta.*) Muy observador.
GABRIEL	¿Hoy no librabas?
LETICIA	Sí, pero Lucía está de baja por maternidad, y como todavía no han puesto una sustituta, ¿a quién le toca?, pues a la que no sabe decir que no. (*Sale, pero vuelve.*) El móvil... Tenemos el consultorio a tope, no damos abasto, con el cambio de estación, los niños están cayendo como moscas.

(LUZ *le pasa el ordenador a* GUILLERMO.)

GUILLERMO	¿Ya está, ya lo tienes?
LUZ	Bueno, es un inicio.
GUILLERMO	La nueva maternidad es un espacio diáfano decorado con tonos cálidos y mobiliario de madera, cuyo objetivo es lograr que las pacientes y sus familias se sientan en un entorno lo más cómodo, hogareño y acogedor posible. Luz...

LUZ   ¿Qué?

GUILLERMO   Que siempre he dicho que eres «mi Luz»

LUZ   ¿Esta broma ya me la habías hecho...?

GUILLERMO   ¿Sí? No sé, igual sí... (*Ríen.*) Está estupendo.

LUZ   Bueno, es solo el principio, ya lo acabaremos después tranquilamente. ¿Vas a comprar el periódico?

            (GUILLERMO *se levanta y se dispone a salir.*)

GUILLERMO   Por supuesto.

LUZ   ¿Puedes comprar cartuchos para la impresora? Se está acabando la tinta.

GUILLERMO   ¿Otra vez? No puede ser, esta impresora tiene un escape o algo...

LUZ   Igual sí, pero este *finde* tengo que presentar el proyecto de las cabañas de la sierra, la licitación termina el martes.

GUILLERMO   (*Voz en off.*) ¿Al final, de qué material serán?

LUZ   Madera; los costos disminuyen muchísimo y, como son viviendas temporales, las haremos reutilizables.

            (LETICIA *entra en escena.*)

LETICIA	Ahora sí que me voy. Te quiero. (*Suena el teléfono de* GABRIEL.) ¡Si es el capataz no lo cojas!
GABRIEL	(*Dejándolo sonar.*) ¿Este fin de semana estás de guardia?
LETICIA	No me toca, pero ya verás, seguro que me toca, porque no creo que puedan reemplazar a Lucía antes de una semana, pero después me lo compensarán, claro.
GABRIEL	Ya...
LETICIA	Adiós otra vez (*Sale y vuelve a entrar.*) ¿Tenías algún plan?
GABRIEL	Tenía, pero no te preocupes, aprovecharé mi triste soledad para avanzar en unos planos que se me resisten.
LETICIA	Pobrecito... Te quiero.
GABRIEL	Y yo a ti.
	(LETICIA *sale de casa.* GUILLERMO *entra del dormitorio.*)
GUILLERMO	¿Qué le vamos a comprar a Violeta?
LUZ	¿A Violeta?

GUILLERMO   Este fin de semana celebramos el cumple de Violeta en casa de mis padres.

LUZ   ¡Ah! Sí, sí...

GUILLERMO   Uy... ese «sí, sí»... ¿qué pasa?

LUZ   Que no creo que pueda ir.

GUILLERMO   Pero si ya habíamos quedado.

LUZ   Ya, pero este fin de semana se acaba el plazo para presentarme al concurso, y voy de culo. ¿Te vas a enfadar mucho si no voy?... ¿Te estás enfadando mucho? ¿Ya te has enfadado?

GUILLERMO   Mi madre lleva una semana preparando los garbanzos que te gustan.

LUZ   Pues tráeme un *tupper*.

GUILLERMO   Luz...

LUZ   Ya sabes lo importante que es para mí.

GUILLERMO   Les diré que no podemos ir...

LUZ   No, por favor, no me hagas sentir peor de lo que ya me siento. Ve tú.

GUILLERMO   ¿Yo solo?

LUZ   Claro, a tus padres les va a dar algo si no vas, y a tu sobrina ni te cuento.

GUILLERMO   (*Resignado.*) Está bien iré solo. Voy apor el periódico...

LUZ   Y los cartuchos.

GUILLERMO   Y los cartuchos. ¿Quieres algo más?

LUZ   Un beso.

             (GUILLERMO *le lanza un beso y sale.*)

Escena 3
Día 3. Sábado mañana

GABRIEL *entra con su ordenador. Habla por teléfono.*

GABRIEL   Hola, mi amor. ¿Cómo va la guardia?... Pues aprovecha para descansar mientras puedas... El proyecto, un poco retrasado, la verdad; hoy no estoy muy inspirado... Sí, claro, espero...

(LUZ entra y coloca objetos de trabajo en la mesa. gabriel sale.

LUZ   *(Al teléfono, con* GUILLERMO.*)* Hola, amor. ¿Todo bien? ¿Cómo están tus padres? ¿Me odian mucho? ¡Son unos santos! Mándales un beso enorme. ¿Quién se ríe tanto por ahí? ¿Violeta? Pásamela.

*(*GABRIEL *entra de la cocina con una taza negra hablando por teléfono.)*

GABRIEL   ¿Todo bien? Si quieres me llamas tú cuando tengas un rato, yo no me muevo de casa. Me gustaría adelantar trabajo y así el próximo *finde* planeamos algo. Sí espero, espero...

21

LUZ   Hola, Viole, mi amor, ¿Cómo va el cumple?... ¡Qué barbaridad! ¿Has hecho todo eso? No, no tengo ganas de verte, tengo muchísimas ganas de verte... La próxima vez que vaya, te prometo que jugaremos el doble... ¿Me pasas con el tío Guille? ¿Qué es eso? ¿Un beso de coneja? ¡Ah, de mariposa! No sabía que las mariposas hiciesen tanto ruido. Yo también te quiero mucho. Ciao, cariño, beso de perrito «srppp, srrppp».

GABRIEL   (*Sorbe café con ruido.*) ¿Yo? No, yo no he hecho ruido al sorber, habrá sido una interferencia, a propósito, ¿por qué has comprado una taza negra? ¿Cómo qué no? Pero si la tengo en la mano y me parece horrible, no veo lo que estoy tomando... No, no estoy loco. Ya la verás cuando vuelvas. Vale, te quiero, cuídate. Un beso.

LUZ   Hola... mi amor, una cosa, ¿a ti se te ha roto tu taza negra? Sí, la tuya... (*Burlándose, con cariño.*) ¡Ya te digo yo que la que queda es la mía! ¡Pues si no has sido tú, habrá sido un duende! No vuelvas muy tarde, que no me gusta que conduzcas solo de noche. Te quiero, cuídate. (*Siguen trabajando cada uno en sus cosas cuando, de repente, se corta la luz. LUZ busca a tientas su teléfono móvil maldiciendo por no encontrarlo. GABRIEL lamenta no haber salvado lo que estaba trabajando en el ordenador. Regresa la luz y de manera inesperada se descubren.)* ¿Quién es usted? ¿Qué hace aquí?

GABRIEL   ¡El que tiene que preguntar eso, soy yo!

LUZ   ¿Por dónde ha entrado?

GABRIEL   Eso digo yo. ¿Cómo ha entrado?

LUZ   Mire no sé lo que está buscando; pero, o se va ahora mismo o llamo a la policía.

(Intenta conectar su móvil.)

GABRIEL   ¿Cómo que va a llamar a la policía? ¡Soy yo el que va a llamar a la policía!

LUZ   ¿Qué quiere? ¡Le juro que no tengo dinero, salga de mi casa ahora mismo, por favor!

GABRIEL   ¿De su casa? ¿Pero está usted loca?! ¡Esta es mi casa!

LUZ   Voy a llamar a la policía.

GABRIEL   ¡Venga, adelante! ¿Quiere que llame yo?

LUZ   *(Saca unos billetes de su pantalón.)* Tenga.

GABRIEL   ¿Qué hace? ¿Qué es esto?

LUZ   Es todo lo que tengo.

GABRIEL   Mire, no sé qué pretende, pero sea lo que sea, no me interesa, solo le pido que salga de mi casa.

LUZ   ¡Que esta es mi casa!

GABRIEL   O sales ahora mismo o te saco yo a empujones.

(Se acerca a LUZ.*)*

LUZ   ¡¡¡Noooo!!! ¡No te acerques! Por favor, no te acerques.

GABRIEL   ¡Está bien, no me acerco, no me acerco, pero ya estás saliendo por esa puerta!

LUZ   ¿Cómo me voy a ir de mi casa? Mira, si te vas ahora, te juro que no pasará nada, de verdad, te lo juro.

GABRIEL   ¿Te encuentras bien? ¿Has tomado algo? ¿Drogas? ¿Quieres que llame a un médico?

LUZ   Mira, yo estaba muy tranquila trabajando...

(Señala su mesa y descubre las cosas de GA-BRIEL.*)*

GABRIEL   ¿Qué pasa?, ¿qué has visto?

LUZ   ¿En qué momento has colocado todo eso ahí?

GABRIEL   ¿Qué he colocado?

(GABRIEL *descubre los objetos de ambos. atónito coge algún objeto de* LUZ.)

LUZ   No lo toques.

GABRIEL   ¿Es tuyo?

LUZ   Claro que es mío.

(*Por primera vez se miran con los ojos muy abiertos, por unos instantes solo se miran.*)

GABRIEL   Vamos a tranquilizarnos. vamos a tranquilizarnos y a intentar aclarar todo esto. ¿Qué está pasando aquí?

LUZ   (*Nerviosa. lloriqueando.*) No lo sé, yo estaba trabajando, tranquilamente, cuando, de repente, se ha ido la luz y has aparecido tú en mi casa...

GABRIEL   ¿Pero por qué insistes en decir que esta es tu casa?

LUZ   ¡Porque es mi casa! Vivo aquí con mi marido. Este piso lo reformé yo misma. Tengo los planos. Soy arquitecta.

GABRIEL   (*Incrédulo y burlón.*) Caramba, ¡qué coincidencia! Resulta que yo también soy arquitecto y que este piso también lo he reformado yo. Si quieres, te puedo enseñar los planos certificados por el colegio de Arquitectos.

LUZ   Eso no puede ser. Ahora verás. (*Va al dormitorio en busca de algo.* GABRIEL *mira a su alrededor y se dirige a la cocina. Ambos regresan al mismo tiempo muy confundidos y mirándose cómo buscando una explicación.* LUZ, *balbuceando.*) No puede ser, no puede ser...

GABRIEL   ¿Qué pasa?

LUZ   El dormitorio no es mi dormitorio. Bueno la forma y el tamaño sí, pero... no reconozco nada de lo que hay.

GABRIEL   Y la cocina no es mi cocina, no son mis muebles y está pintada de verde manzana...

             (*Van a mirar las otras habitaciones. Vuelven.*)

LUZ   (*Como pidiendo ayuda.*) ¿Qué nos está pasando?

GABRIEL   No lo sé, no entiendo nada. Es mi casa, pero no reconozco nada de lo que hay en ella, bueno, el salón sí, el salón es el mismo.

             (LUZ *se desploma en el sofá y* GABRIEL *se sienta en su silla de trabajo.*)

LUZ   Tiene que haber una explicación..., tiene que haber una explicación.

GABRIEL   (*Golpea la mesa.*) ¡Joder! ¿Pero qué mier-
           das está pasando?

LUZ   Luz, no te estás volviendo loca, no te estás
           volviendo loca... (*De repente, las lámparas
           titilan hasta apagarse.* LUZ *y* GABRIEL *encien-
           den la linterna de sus móviles y recorren la
           habitación. aunque se crucen no pueden ver-
           se. Cuando la luz vuelve están nuevamente en
           sus respectivos salones. Se los ve confundidos,
           aliviados y un tanto asustados. Recorren la
           casa corroborando que todo está en orden. Se
           desploman cada uno en sus sillas de trabajo,
           tratando de encontrar una explicación. De re-
           pente,* LUZ *se percata de que al lado de su or-
           denador hay dos tazas negras. Las coge y las
           observa. Huele el contenido de una de ellas.*)
           ¿Café? ¿Cuándo he tomado yo café? (*Deja
           la taza. Se coge la cabeza con las manos.*)
           ¡Por Dios! ¿Qué me está pasando?

           (*Cada uno guarda los materiales de trabajo
           y entran en el dormitorio. Se los ve preocupa-
           dos y cansados.*)

Escena 4
Día 3. Sabado noche

> *Suena el timbre de la puerta con insistencia.* LUZ *sale del dormitorio adormilada y acomodándose la ropa y el pelo. Abre la puerta y entra* GUILLERMO.

LUZ   ¿Y tu llave?

GUILLERMO   Aquí, pero no funciona si dejas la tuya puesta.

LUZ   Lo siento.

GUILLERMO   ¿Estás bien?

LUZ   Sí, medio dormida... ¿Qué tal el viaje? ¿Ha ido todo bien?

GUILLERMO   Muy bien. Te han puesto en la lista negra, pero todo bien.

LUZ   ¡No seas malo!

GUILLERMO   Nada, todos echándote mucho de menos, te mandan muchos besos y Violeta, *(Le da un muñeco artesanal.)* un gnomo para que te ayude a terminar pronto el proyecto.

LUZ   ¡Qué mona!

GUILLERMO   ¿Has podido terminarlo?

LUZ   Casi. Me queda muy poco, mañana lo termino.

GUILLERMO   ¿Estás bien?

LUZ   Si, ¿por...?

GUILLERMO   No sé, te noto rara... ¿Te ha pasado algo?

LUZ   No... o sí... no sé.

GUILLERMO   ¿No o sí?

LUZ   La verdad es que no lo sé. no sé si me ha pasado, si lo he soñado, si ha sido una alucinación... ¡Ha sido tan raro!

GUILLERMO   *(Sale hacia la cocina.)* Espera, preparo algo calentito y me lo explicas. ¿Qué prefieres: ¿un café?

LUZ   No tomo café, ya lo sabes.

GUILLERMO   *(Voz en off.)* Ya, pero es mejor para despejarte.

LUZ   Un té.

GUILLERMO   *(Voz en off.)* Pues un te, y cuenta, ¿qué te ha pasado?

LUZ   Pues algo muy loco: estaba trabajando en el ordenador, tomándome un té tranquilamente y, de repente, se fue la luz.

GUILLERMO   *(Voz en off.)* El otro día también se fue. Yo creo que es de las obras de aquí al lado. Le pregunté al capataz si estaban tocando algo de..., no sé, cables o instalaciones, cosas de esas que van por debajo de los suelos, ya me entiendes, y me miró como si estuviese hablando con un marciano, Yo creo que...

LUZ   ¿Quieres que te explique lo que me ha pasado a mí, sí o no?

GUILLERMO   *(Entra con dos tazas negras.)* Sí, sí, claro, claro, perdón... ¿No me dijiste que se había roto una taza negra?

LUZ   Sí, las tazas son también parte de la historia. ¿Puedo seguir?

GUILLERMO   Sí, sí, claro, claro...

(Va a la cocina.)

LUZ   Se ha ido la luz; buscando el móvil para encender la linterna, me he dado golpes con todo y, de repente, ha vuelto la luz y casi me da un infarto...

GUILLERMO   (*Voz en off.*) Y ¿Por qué?

LUZ   Porque, de golpe, me he encontrado cara a cara con un hombre.

GUILLERMO   (*Entra alarmado con una tetera.*) ¿Cómo que un hombre? ¿Un ladrón?

LUZ   No, no era un ladrón. No te asustes.

GUILLERMO   ¿Cómo quieres que no me asuste?

LUZ   Por favor, déjame terminar, y después me ayudas a intentar descifrar lo que ha pasado.

GUILLERMO   Sí, claro, claro; pero ¿qué quería?

LUZ   ¿Me dejas terminar, por favor?

GUILLERMO   Sí, perdón, perdón, claro, continúa.

LUZ   Vuelve la luz, veo al hombre y, naturalmente, empiezo a gritar, a llorar, a llamar a la policía...

GUILLERMO   ¿Y el hombre qué hacía?

LUZ   Me miraba como si estuviera loca y no paraba de preguntarme que qué hacía en su casa.

GUILLERMO   ¿Cómo que su casa? ¿Estabas en su casa?

LUZ   ¡¡No!! Yo estaba aquí, en esta casa, traba-
             jando y él se ha aparecido de golpe.

GUILLERMO   ¿Pero por dónde ha entrado?

LUZ   No lo sé, porque estaba todo cerrado. Pero
             da lo mismo por donde ha entrado, lo peor
             es que yo le decía que la casa era mía, y él
             me decía lo mismo.

GUILLERMO   ¿Cómo que lo mismo?

LUZ   Lo mismo, que era su casa, que él la había
             reformado y que hiciese el favor de salir in-
             mediatamente.

GUILLERMO   ¿Pero cómo que era su casa?

LUZ   Yo ya estaba llamando a la policía, cuando,
             de repente...

GUILLERMO   ¿Qué...?

LUZ   Me fijo en mi mesa de trabajo y no era mi
             mesa de trabajo, había otro ordenador, otros
             papeles, como si él llevase horas trabajan-
             do allí.

GUILLERMO   (*Exasperado.*) ¡Para Luz, para, para, por fa-
             vor, que no entiendo nada!

LUZ   Ni yo tampoco, Guillermo, porque no hay por dónde cogerlo.

GUILLERMO   ¿Pero al final qué ha pasado?

LUZ   Espera, por favor, espera.

GUILLERMO   Sí, perdona, perdona, sigue, ya no te interrumpo más.

LUZ   Yo estaba que no entendía nada.

GUILLERMO   ¡Tú dirás! Sí es que es de locos, de locos... perdona...

LUZ   ¿Cómo pudo desplegar todas sus cosas, si el corte de luz apenas duró unos segundos?

GUILLERMO   ¿Cómo lo hizo?

LUZ   No lo sé. Él, la verdad, estaba tan desencajado como yo: miraba mis cosas sin entender nada de lo que estaba pasando. Había algo que ninguno de los dos entendíamos. Parecíamos dos niños peleando por el mismo juguete.

GUILLERMO   ¿Y la policía? ¿Qué te dijo?

LUZ   Al final no la llamé, él estaba tan desconcertado como yo, no parecía peligroso.

GUILLERMO	Pero a ver, Luz, para que yo lo entienda, porque vas a volverme loco: ¿estamos hablando de un sueño que parecía real, o de algo real, tan raro, que parecía un sueño...? ¿De qué estamos hablando? ¿Ese hombre ha estado o no ha estado en casa?
LUZ	*(Llorando, al borde de la histeria.)* No lo sé, la verdad es que no lo sé.
GUILLERMO	No puedes no saberlo.
LUZ	¡No lo sé, Guille, a lo mejor estaba alucinando... pero, no lo sé, era todo tan real!
GUILLERMO	*(La acaricia, intentando calmarla.)* Está bien, está bien, seguro que encontraremos una explicación.
LUZ	Lo peor de todo, lo que más me ha asustado, ha sido que, cuando he entrado en el dormitorio para buscar los planos...
GUILLERMO	¿Qué...?
LUZ	Que no era nuestro dormitorio. Era otro, pintado de otro color, con otras cortinas, otros muebles.
GUILLERMO	A ver, a ver, a ver... ¿nuestro dormitorio no era nuestro dormitorio?

LUZ   No, y él decía que su cocina no era su cocina, estaba tan desorientado como yo.

GUILLERMO   ¿No reconocía su cocina?

LUZ   No. Reconocía la forma y la distribución del piso, pero nada de lo que había dentro.

GUILLERMO   Y, entonces..., ¿qué ha hecho? Al darse cuenta de que no era su casa, ¿se ha ido?, ¿qué ha hecho?

LUZ   No lo sé, la luz se ha ido otra vez, y cuando ha vuelto, él ya no estaba, ni él ni sus cosas... y la casa volvía a ser la misma, la nuestra. ¿Crees que me estoy volviendo loca? Sí, ¿no?

GUILLERMO   No, cariño, claro que no. ¿Cómo vas a estar loca? Debe de ser solo cansancio, seguramente te has quedado dormida y ha sido un mal sueño.

LUZ   No, Guillermo, aunque te cueste creerlo, no ha sido un sueño.

GUILLERMO   Llámalo equis, está comprobado que, a veces, cuando estamos bajo mucha presión o estresados, el cerebro, el lóbulo temporal concretamente, es capaz de alterar nuestra percepción de la realidad, sería como soñar con los ojos abiertos.

LUZ   (*Vencida, agotada.*) No lo sé, podría ser, voy a por el te... ¿Pero cómo te explicas lo de la taza negra?

GUILLERMO   ¿Qué le pasa a la taza negra?

LUZ   Que había desaparecido, la he buscado, no estaba, y de repente, ha vuelto a aparecer.

GUILLERMO   ¿Y...? ¿Cuántas veces no encontramos algo que tenemos justo delante de las narices?

LUZ   No, no es tan simple... de repente, ha aparecido sobre la mesa, pero con restos de café.

GUILLERMO   Será mía, de ayer.

LUZ   (*Obstinada.*) Anoche no tomaste café. (*Duda.*). Y aunque lo hubieses tomado y te hubieras dejado la taza sin lavar, cuando la he cogido aún estaba caliente. (*Mira a* GUILLERMO *como pidiendo ayuda. El solo atina a levantar los hombros. Ella sacude la cabeza de un lado para otro.* LUZ, *murmurando.*) Está bien, déjalo no me hagas caso.

GUILLERMO   A mí me parece que lo que necesitas, precisamente, es que te hagan caso, y vamos a empezar por un baño calentito, música suave, una botella de vino, un buen masaje...

(*Van al dormitorio cogidos de la mano.*)

Escena 5
Día 4. Domingo mañana

> *Ruido de llaves que abren la puerta de la calle. Entra* LETICIA *con una pequeña mochila y la bata de médico colgada de un brazo.*

LETICIA   ¿Gabriel? ¡Gabriel! (*Va al dormitorio.*) ¡Gabriel!

GABRIEL   (*Voz en off.*) ¿Qué pasa?

LETICIA   Eso digo yo. ¿Te parece que es hora de dormir la siesta?

GABRIEL   (*Voz en off.*) No lo sé. ¿Qué hora es?

LETICIA   (*Va a la cocina.*) Las nueve. Venga, vamos, dormilón.

> (GABRIEL *aparece adormilado. Ella guarda sus cosas.*)

GABRIEL   Me he quedado frito.

LETICIA   ¡Uy, uy, uy, vaya careto! ¿No ha descansado bien el señorito?

GABRIEL   (*Duda.*) Si... no... No, anoche, no sé, sí...

LETICIA   Bueno, ponte de acuerdo. ¿Has descansado sí o no? (*Intrigada.*) ¿Qué te pasa?

GABRIEL   Nada...

LETICIA   O sea, que sí que te pasa algo.

GABRIEL   ¿Por qué?

LETICIA   Porque no has dicho un «nada» de «nada, no pasa nada», sino un «nada» arrastrado, un nada que está diciendo a gritos que sí que te pasa algo... (GABRIEL *calla.*) ¿No me lo vas a contar?

GABRIEL   Ayer...

LETICIA   Bueno, ya sabemos algo: lo que no pasó, pasó ayer.

GABRIEL   Ayer tuve un día terrible. Por la tarde me pasó algo muy extraño...

LETICIA   ¿Cómo de extraño? Porque a ti siempre te pasan cosas extrañas...

GABRIEL   Leti, de verdad, fue muy extraño, creo que aluciné, no sé, porque no le encuentro explicación, y, la verdad, tampoco sé si quiero contártelo, porque vas a pensar que estoy loco.

LETICIA   (*burlándose con cariño.*) Lo que pienso es que todavía estás dormido y que tus neuronas no terminan de conectarse... (*Ríe, pero viendo su cara, se pone seria.*) O sea que sí que te ha pasado algo.... Y no parece que sea muy bueno, ¿verdad?

GABRIEL   (*Dejándose caer en el sofá. confundido, alterado.*) Mira Leti, no sé por dónde empezar. Ayer, sé que te va a parecer absurdo, pero te juro que fue real; no fue un sueño, porque no estaba dormido... ¿Una alucinación? Puede, no sé, sea lo que sea, no te lo vas a creer...

LETICIA   (*Impaciente.*) ¿Puedes dejar de dar rodeos y contarme de una vez qué te pasó ayer?

GABRIEL   Sí, bueno, es que no es fácil, pero empiezo. A ver..., es que te va a parecer...

LETICIA   ¡Gabriel!

GABRIEL   ¡Voy, voy, voy...! Estaba haciendo unos cálculos de los valores reales de las escalas de unos planos, unos que...

LETICIA   Resume, Gabriel, resume...

GABRIEL   Estaba trabajando cuando, de repente, se fue la luz y no había salvado nada... Sí, ya lo sé, me lo dices siempre, hay que ir salvando, hay que ir salvando, pero no lo hice, o sea, que imagínate la putada, me puse a dar gritos como un loco.

LETICIA   (*Burlona.*) No es la primera vez.

GABRIEL   Lo digo, porque a lo mejor con los gritos no la escuché entrar...

LETICIA   ¿A quién?

GABRIEL   ¡A la mujer, Leticia, a la mujer!

LETICIA   ¿A qué mujer? Gabriel, ¿A qué mujer? ¿puedes ser un poco más claro?

GABRIEL   Ya te he dicho que no es fácil. Un poquito de paciencia, por favor, que yo aún estoy tratando de encontrarle una lógica a todo esto.

LETICIA   (*Suspirando y elevando los ojos.*) Venga, habla. No te interrumpo más, pero ligerito, no estés dos horas dándole vueltas al asunto.

GABRIEL   Bueno, yo estaba trabajando y se fue la luz. El corte no duró mucho, apenas unos segundos y cuando volvió. (*Señala el lugar donde estaba ella.*) Ahí estaba ella.

LETICIA   ¿Ella? ¿Quién?

GABRIEL   No sé, ¡ella! Una mujer que salió de no sé dónde gritando cómo una loca que o me marchaba inmediatamente, o llamaba a la policía.

LETICIA   ¿Pero por dónde entró?

GABRIEL   ¡Yo qué sé! Estaba todo cerrado. ¡Pero estaba justo ahí, joder, justo ahí, y te juro que era muy muy real!

LETICIA   (*Lo mira preocupada.*) A ver, mi amor, explícamelo bien, sin prisas, porque con tantos nervios no puedo seguirte. Te traigo un poco de agua.

        (LETICIA *va a por un vaso de agua y vuelve.*)

GABRIEL   Estaba trabajando, se fue la luz y cuando volvió, había una mujer diciendo que esta era su casa, y que la había reformado ella, porque era arquitecta.

LETICIA   ¿Y no la conocías de nada?

GABRIEL   ¡De nada!

LETICIA   ¿Y seguro que no fue un sueño? Hay sueños que parecen completamente reales, las pesadillas, por eso nos despertamos asustados.

GABRIEL   No lo sé, Leti, no lo sé, estoy muy confundido. Quizá lo soñé, o lo imaginé, o yo qué sé, pero para mí era del todo real.

LETICIA   Pero, a ver, entre la realidad y un sueño hay una gran diferencia. ¿La tocaste para ver si era de carne y hueso?

GABRIEL   ¡No! Si cada vez que me acercaba a ella se alejaba gritando que no la tocara. Te juro que la habría agarrado de un brazo para ponerla de patitas en la calle.

LETICIA   ¿Y por qué no lo hiciste? (Dudando.) Un momento, un momento, un momento... ¿Todo esto no será una excusa, verdad?

GABRIEL   ¿Cómo?

LETICIA   Sí, una excusa, trajiste a alguien a casa, algún vecino te vio, y estás montando todo este numerito para justificarte.

GABRIEL   ¡No me lo puedo creer!

LETICIA   (Incrédula.) ¿Qué edad tenía? ¿Era guapa?

GABRIEL   ¡No tendría que haberte dicho nada!

LETICIA   ¿Por qué? Somos una pareja, se supone que nos lo podemos decir todo.

GABRIEL   Porque enseguida te pueden tus estúpidos celos, y te pones como una fiera.

LETICIA   (Elevando la voz.) ¿Y cómo quieres que me ponga? Me acabas de decir que has estado con una mujer, en mi casa, aprovechando que yo no estaba...

GABRIEL   ¿Preferirías haber estado en casa?

LETICIA   Mira, no estás en posición de hacer bromitas de las tuyas.

GABRIEL   Leticia, estoy tratando de explicarte que me ha pasado algo, no sé, sobrenatural...

LETICIA   Sí, que se te ha aparecido una mujer en casa y no sabes si fue real, o si estabas soñando o qué sé yo... ¿Tú te crees que yo me chupo el dedo o qué?

GABRIEL   (Resignado, tratando de controlarse.) Como siempre, es imposible hablar contigo. Estoy tan preocupado, Leticia, tanto, que por una vez pensaba que me ibas a escuchar.

LETICIA   (Se hace un silencio denso. LETICIA se sienta a su lado y le toma la mano.) Está bien: voy a intentar creerte. Empecemos de nuevo y, por favor, no me mientas.

GABRIEL   (Con rencor.) Yo nunca te miento.

LETICIA   Bueno, rebobinemos. Tú estabas trabajando, se fue la luz y cuando volvió, había una mujer, una arquitecta, que decía que esta casa era suya. ¿Hasta ahí vamos bien?

GABRIEL Si. Y para demostrarlo, se fue al dormitorio a buscar los planos.

LETICIA *(Con ironía.)* Ya...

GABRIEL ¿Qué pasa?

LETICIA Nada... Al dormitorio, precisamente...

GABRIEL *(Fulminándola con la mirada.)* Si, Leti, al dormitorio. Y yo, mientras tanto, fui a la cocina y no te lo vas a creer...

LETICIA Voy a intentarlo.

GABRIEL Estaba toda cambiada, era otra cocina.

LETICIA ¿Cómo otra?

GABRIEL Tenía otros muebles y estaba pintada de un verde manzana ridículo. Volví al salón, y me la encontré como alucinada, diciendo que su dormitorio no era su dormitorio...

LETICIA Claro, cómo va a ser su dormitorio si es el nuestro.

GABRIEL Ahí fue cuando los dos nos dimos cuenta de que estaba pasando algo muy raro. De hecho, todo era raro, porque sobre la mesa estaban todas mis cosas, pero también las de ella: su portátil, sus planos, sus anotaciones... No sé cómo tuvo tiempo de ponerlas, porque la luz se fue apenas unos segundos.

LETICIA   ¿Y después, qué pasó?

GABRIEL   Nada. Se fue la luz otra vez y, cuando volvió, ya no estaba, ni ella ni sus cosas, y la cocina volvía a ser la misma de siempre. (*Se quedan en silencio.*) ¿Crees que me estoy volviendo loco?

LETICIA   No lo sé. La verdad es que todo es tan confuso... (*Con intención.*) ¿Habías bebido vino...

GABRIEL   No...

LETICIA   ¿O... tomado algo... raro?

GABRIEL   (*Enojado.*) Si pretendes insinuar que me había fumado un porro, la respuesta es: ¡No! Eso quedó atrás, es un tema superado, y sabes que me molesta mucho que lo saques a relucir.

LETICIA   Ya, Gabriel, pero ponte en mi lugar: estoy haciendo un esfuerzo titánico por entenderte, pero, lo que dices que te ha pasado, sin una ayudita... (*Hace el gesto de un porro.*) es muy difícil que te haya pasado.

GABRIEL   (*Molesto.*) ¡¿Es que nunca vas a volver a confiar en mí?!

LETICIA   No es eso, Gabriel, pero...

GABRIEL   Déjalo.

           (Sale hacia el dormitorio hecho una furia se-
           guido de LETICIA.*)*

LETICIA   Gabriel.

GABRIEL   *(Voz en off.)* ¡No sé por qué coño te he di-
           cho nada!

LETICIA   ¡Gabriel, Gabriel! Entiéndeme, por favor...

Escena 6A
Día 5. Una semana más tarde. Mañana

LUZ *entra desde la cocina. Está limpiando la casa, acomoda cosas, barre, mientras tararea una canción.* GABRIEL *sale tarareando la misma canción. se sienta para intentar arreglar una tostadora. Entra* GUILLERMO *con bolsa de compra. Se acerca a* LUZ *por detrás, la abraza y bailan al ritmo de la canción. Se besan.*

GUILLERMO ¡Aún te recuerdo bailando esta canción con tus amigas! ¡Estabas tan guapa!

LUZ Te acercaste y me dijiste: «¿no es una canción demasiado bonita para bailarla sola?»

GUILLERMO En realidad, tendría que haberte dicho: ¿no eres demasiado guapa para bailar sola?

(Se vuelven a besar. ella lo aleja suavemente.)

GUILLERMO ¿Y esto...?

LUZ Que, si seguimos así, no vamos a terminar de limpiar nunca. ¿No tenías que ir al súper?

GUILLERMO Si no hay más remedio...

LUZ   No lo hay.

GUILLERMO   Pues, nada... (*Dramático.*) Me voy, si no se me quiere, me voy... ¿Algo más para apuntar a la lista?

LUZ   No, lo que a ti te apetezca comprar.

GUILLERMO   Ok. No tardo.

(*Sale cantando.* LUZ *y* GABRIEL *cantan al mismo tiempo. Entra* LETICIA *con bolso y chaqueta.*)

LETICIA   ¡Pero bueno, qué contento te has levantado! (GABRIEL *canta con más entusiasmo.*) O por lo menos cantor.

GABRIEL   Me he despertado cantando nuestra canción. Me encanta.

LETICIA   Somos una pareja de libro, ¿no? Hasta tenemos nuestra canción...

GABRIEL   De libro.

(*Se besan.*)

LETICIA   En esto, tenemos más suerte que los jóvenes de ahora, cuando sean mayores la banda sonora de sus recuerdos solo será reguetón...

(*Canta algo espantoso.*)

GABRIEL   Yo, la nuestra, no me la puedo quitar de la cabeza, bueno, por lo menos me gusta, porque a veces se me pega cualquier jingle de un anuncio y puedo tenerlo veinticuatro horas taladrándome el coco. ¿Te vas?

LETICIA   Sí, tengo la entrevista para el Hospital de Vallecas.

GABRIEL   ¡Ah, sí, sí! La nueva sala de maternidad.

LETICIA   Si me cogen, adiós a las guardias...

GABRIEL   Y hola a los fines de semana sin sorpresas.

LETICIA   Exacto, bueno, me voy. A la vuelta compro algo en la pastelería para llevar de postre esta noche. ¿Necesitas algo?

GABRIEL   No, gracias.

(LETICIA *le da un beso y sale.* GABRIEL *continúa tarareando la canción. La luz empieza a titilar como si fuera a apagarse.* GABRIEL *y* LUZ *miran a la lámpara del techo. Al bajar la vista se descubren.*)

Escena 6B

GABRIEL   ¡Joder! ¿Otra vez con esto?

LUZ   ¿Cómo haces para entrar así?

GABRIEL   ¡Eso mismo te pregunto yo!

LUZ   ¿Qué quieres?

GABRIEL   ¿Qué quieres tú?

LUZ   ¡No me grites!

GABRIEL   ¡No me grites tú a mí!

LUZ   Bueno, a ver, sin gritar, tratemos de calmarnos... nos calmamos e intentamos aclarar qué está pasando. Respiremos, lo mejor para tranquilizarse es respirar.

GABRIEL   ¡A mí me pone de los nervios respirar! (*Ella sigue respirando.*) Tiene que haber una explicación para... esto...

LUZ   ¿Todas estas cosas son tuyas?

GABRIEL   Claro.

(LUZ se acerca a la mesa y coge las cosas de GABRIEL para ver si son reales. él hace los mismo con las cosas de ella.)

LUZ   Esto me sobrepasa... ¿cómo lo haces?

GABRIEL   ¿El qué?

LUZ   Aparecer así, de la nada, y poner todas tus cosas en un abrir y cerrar de ojos. ¿Cómo lo haces?

GABRIEL   ¿Y tú? Porque todo esto es tuyo, ¿no?

(A los dos, al mismo tiempo, les entra una urgencia por comprobar el resto de las habitaciones y salen corriendo.)

LUZ   *(Voz en off.)* ¡Joder!

GABRIEL   *(Voz en off.)* ¡Mierda!

(Vuelven al salón sin entender nada.)

LUZ   Mi dormitorio ya no es mi dormitorio.

GABRIEL   Ni mi cocina mi cocina.

(Los dos van a ver las otras habitaciones.)

LUZ   *(Voz en off.)* ¡Joder!

GABRIEL   *(Voz en off.)* ¡Mierda!

LUZ   (*Voz en off.*) ¿El dormitorio tampoco es el tuyo?

GABRIEL   (*Voz en off.*) No, el mío tiene cortinas azules, otra cama...

LUZ   Y el que ves, ¿Cómo es? ... ¿Tiene cortinas blancas?

GABRIEL   (*Voz en off.*) Sí, con unas flores rosas estampadas, tipo rococó, ridículas.

LUZ   (*Voz en off.*) Ese es mi dormitorio.

GABRIEL   (*Voz en off.*) Bueno, quiero decir, que las cortinas, viéndolo todo en conjunto, tampoco están tan mal.

LUZ   (*Voz en off.*) Ya... ¿La cabecera de tu cama es un cuadro de Picasso?

GABRIEL   (*Voz en off.*) Bueno, ojalá fuera de Picasso. Es solo una réplica.

LUZ   (*Voz en off.*) ¿De verdad? ¿Picasso no pintó cabeceros?

               (GABRIEL *ríe tímidamente.*)

GABRIEL   (*Voz en off.*) ¿La cocina pintada de...?

LUZ   (*Voz en off.*) ¿...de ese horrible color verde manzana...? Sí, es mi cocina. Pero la tuya, con ese amarillo patito, también tiene delito.

(*Los dos vuelven al salón.*)

GABRIEL   (*Práctico.*) Bueno, da lo mismo, para gustos colores, lo importante es saber ¿Qué coño está pasando aquí?

LUZ   Ojalá lo supiera. Yo estoy tan perdida como tú.

(GABRIEL *camina de un lado a otro pensando en voz alta.* LUZ *se desploma en una silla.*)

GABRIEL   A ver, pero...

LUZ   ¿Qué?

GABRIEL   No sé...

LUZ   ¿Tú que crees?

GABRIEL   ¿De qué?

LUZ   ¿Estamos dormidos y todo esto es un sueño?

GABRIEL   No tengo ni idea.

LUZ   No puede ser un sueño, yo estaba limpiando, bailando, cantando, es imposible que me haya dormido.

GABRIEL   Yo estaba arreglando una tostadora, muy concentrado...

LUZ   Entonces, la posibilidad del sueño queda descartada...

GABRIEL   ¡Joder! ¿Qué mierda es esto?

LUZ   Poniéndote así no vas a lograr nada.

GABRIEL   ¿Y cómo quieres que me ponga? ¿Hay un protocolo especial para cuando, de repente, aparece alguien en tu casa? Porque yo no lo conozco. ¡Joder, joder, joder! Perdona, perdona, perdona...

LUZ   Tranquilo, no pasa nada.

GABRIEL   Hombre, tanto como que no pasa nada...

LUZ   Ya me entiendes.

GABRIEL   Es solo que no me cabe en la cabeza.

LUZ   Lo que está claro es que, sea lo que sea esto que nos pasa, lo tenemos que resolver juntos, porque no creo que nadie más nos pueda ayudar.

GABRIEL   Desde luego, si a nosotros ya nos cuesta creerlo...

LUZ   Mi marido piensa que son cosas del cansan-
             cio, que tengo *stress*.

GABRIEL   Mi mujer es más imaginativa: cree que he
             vuelto a fumar porros, eso o que la engaño.

LUZ   Mucho más imaginativa... ¿Dónde vives?

GABRIEL   ¿Cómo que dónde vivo? Aquí, por supuesto.

LUZ   ¿Dónde? ¿En este salón? Porque el resto de
             la casa dices que no es tu casa. Me refiero a
             en qué ciudad vives, ¿Madrid?

GABRIEL   Sí, en la calle Campoamor 13, ático dere-
             cha. ¿Y tú?

LUZ   Mira, justo ahí.

GABRIEL   No puede ser.

LUZ   Ya te digo yo que sí.

GABRIEL   Me estoy volviendo loco.

LUZ   Y yo.

GABRIEL   ¿Puedo...?

LUZ   ¿Qué?

GABRIEL   ¿Puedo tocarte?

LUZ	¿Cómo tocarme?
GABRIEL	Tocarte la mano, para ver si eres real. (*Se tocan las manos con precaución.*) ¿Lo notas?
LUZ	Sí, ¿Y tú?
GABRIEL	Sí, claro. O sea, que no es un sueño.
LUZ	O si es un sueño, es un sueño muy real.

(*Se dan la mano.*)

GABRIEL	Gabriel Fernández. Para servirla.
LUZ	María Luz Iriarte. Para... no sé...

(*Sin soltarse las manos, se miran profundamente como si se reconocieran, como si empezaran a recordar algo. Se los ve muy confundidos. La luz titila nuevamente. Cuando vuelve a quedarse fija, LUZ y GABRIEL están en el mismo lugar, pero no pueden verse. Absortos en sus pensamientos, vuelven lentamente cada uno a la actividad que estaban desarrollando.*)

Escena 7A
Día 5. Una hora más tarde

Entra GUILLERMO *con bolsas del super. Se dirige a la cocina.* LUZ *limpia como una autómata.* GABRIEL *sigue arreglando su tostadora sin emoción alguna.*

GUILLERMO   Ya estoy aquí. ¿Me has echado mucho de menos? He tardado porque me parece que hoy es el día internacional de la manifestación o algo así. Me he cruzado con tres; una, la de cada miércoles, de los que quieren que la plaza sea peatonal; otra de mensajeros, todos con sus motos y bicicletas y patinetes montando un caos que era imposible cruzar la calle, *(Deja las bolsas en la cocina.)* y la tercera, no te lo vas a creer, era una manifestación surrealista, y bastante numerosa, la verdad, eran unos que se manifestaban en contra de las manifestaciones. *(Silencio.)* He comprado empanadas y tarta de queso; así no tendremos que lavar platos. *(Silencio. se quita la chaqueta, se pone zapatillas.)* ¡Ah! No te lo he dicho, la maternidad está pintada de un blanco roto tirando a verde pálido, así que tendré que cambiar lo de «decorado con tonos cálidos y mobiliario de madera», bueno, madera sí que hay... ¿qué te parece esto? «decorado en un relajante tono verde y mobiliario de madera...». (*Silencio.*) Hola. Guillermo llamando a Luz, Guillermo llamando a Luz, ¿me recibe? (*Luz no contesta.*) Hey, hey, hey. ¿Qué le ha pasado a mi pajarito que ya no canta? (*Se planta frente a ella para que le pueda ver la cara. La toma de las manos.*) ¿Qué ocurre? ¿Ha pasado algo?

LUZ   (*Al borde del llanto.*) Otra vez.

GUILLERMO   ¿Otra vez qué?

LUZ   El hombre.

GUILLERMO   ¿Ha vuelto?

LUZ   (*Luchando por dominar el llanto.*) Yo estaba aquí, limpiando, se ha ido la luz y lo mismo del otro día, cuando ha vuelto, él estaba en la mesa arreglando una tostadora con todas sus cosas esparcidas.

GUILLERMO   O sea, que sí que es un sueño.

LUZ   No es un sueño, Guille, es completamente real.

GUILLERMO   Pero si ya nadie arregla tostadoras, tiene que ser un sueño, en los sueños pasan cosas raras y arreglar una tostadora es raro de narices.

LUZ   ¡Que no es un sueño te digo!

GUILLERMO   Vale, vale... pero es raro... ¿Y qué ha hecho?

LUZ   Nada.

GUILLERMO   ¿Nada? Algo ha tenido que hacer.

LUZ   Nada. Estaba tan sorprendido como yo.

GUILLERMO   Pero, ¿habéis hablado de algo?

LUZ   Sí, claro, de lo que nos está pasando, pero no hemos sabido encontrar ninguna respuesta.

GUILLERMO   Ya...

LUZ   Salvo por este comedor, que es el mismo para los dos, él ve nuestra casa y yo veo la suya.

GUILLERMO   Pero no puede ser...

LUZ   No, parece de locos, pero no lo es...

GUILLERMO   Pero lo parece.

LUZ — Su mujer le acusa de que ha vuelto a fumar porros.

GUILLERMO — ¿Su mujer también estaba?

LUZ — No, solo él. Me ha pedido permiso para tocarme.

GUILLERMO — ¿Te ha tocado?

LUZ — La mano. Nos hemos dado la mano, para comprobar que no es una alucinación, y sí, es real, es de carne y hueso. Se llama Gabriel Fernández. No estoy loca, Guillermo, de verdad, no lo estoy, lo veo.

(GUILLERMO *la abraza por los hombros.*)

GUILLERMO — Claro que no, cariño, claro que no.

LUZ — Ayúdame, Guille, por favor, ayúdame.

GUILLERMO — Claro que sí, de momento, te voy a preparar un té, ya verás lo bien que te sienta...

(Van a la cocina.)

LUZ — Tengo mucho miedo Guille, mucho miedo.

GUILLERMO — Porque es muy raro, mucho, pero seguro que tiene una explicación.

(Entra LETICIA *de la calle.)*

Escena 7B
Día 5. Tarde

LETICIA   ¡Tachán! (*Sin respuesta.*) ¡Tachán! (*SIn respuesta. LETICIA va hasta GABRIEL y le da un golpe en el hombro.*) ¡Tachán!

GABRIEL   ¡Joder, Leticia! ¡Qué susto! No te he oído entrar.

LETICIA   ¡Tachán!

GABRIEL   ¿Qué pasa?

LETICIA   Estás delante de una de las tres finalistas para ocupar la plaza de coordinadora jefa de la nueva maternidad.

GABRIEL   ¿De verdad?

LETICIA   Sí. ¿Cómo te quedas?

GABRIEL   ¡Impresionado! ¡Qué bien! ¿no?

LETICIA   Solo me queda una entrevista más, con los jefes-jefes, los que llevan el hospital, me han dicho que será antes de fin de mes.

GABRIEL   Seguro que ganas la plaza...

LETICIA   Seguro, seguro, en esta vida no hay nada, pero allí estoy, finalista... Bueno, ¿y tú qué tal? ¿Cómo va eso? ¿Tiene arreglo o está peor que antes?

(Ríe.)

GABRIEL   Bien, despacio pero seguro...

(GABRIEL vuelve a su tostadora y LETICIA deja su ropa.)

LETICIA   Sí, sobre todo despacio, mira, ya sé que te voy a regalar para tu cumpleaños: una tostadora nueva. No he podido pasar por la pastelería, había una manifestación de no sé qué y estaba la calle imposible... Antes de ir a casa de Marta, podemos pasar por la heladería esa que les gusta tanto. *(GABRIEL no responde.)* ¿Quieres que pasemos por la heladería? *(GABRIEL no responde.)* ¡Holaaaa!

GABRIEL   ¿Qué pasa?

LETICIA   ¿Dónde estabas?

GABRIEL   ¿Yo?

(LETICIA le pasa la mano por delante de la cara. GABRIEL reacciona sobresaltado.)

LETICIA   Sí, tú, claro, parecía que estabas en trance o algo así. ¿Estás bien?

GABRIEL   Sí, bien, claro... Estaba en... en mis cosas.

LETICIA   ¿Qué cosas?

GABRIEL   Nada, tonterías...

LETICIA   A ti te pasa algo...

GABRIEL   ¿A mí? Nada, estoy bien.

LETICIA   A ti te pasa algo que no quieres que yo sepa, porque tú eres de esos hombres que nunca tienen problemas porque dicen que los problemas no existen. Si se pueden resolver, no son problemas, y si no se pueden resolver, pues ¡para qué preocuparse!

GABRIEL   Que no me pasa nada, de verdad.

LETICIA   ¿Qué te pasa?

GABRIEL   Pasa que...

LETICIA   ¿Que qué?

GABRIEL   Pasa que... que estoy cansado, nada más, he tenido una semana muy intensa entre los materiales, el capataz, los proyectos...

LETICIA   Espero que solo sea eso.

GABRIEL   ¿Por qué? ¿Qué insinúas?

LETICIA   Nada… nada.

GABRIEL   Por favor, Leticia, hoy no estoy para tonte-
               rías, ahórrate las ironías.

LETICIA   No las haría si no me ocultases cosas.

GABRIEL   ¿Qué te estoy ocultando?

LETICIA   No lo sé, porque, precisamente, me lo es-
               tás ocultando.

GABRIEL   ¡Y dale!

LETICIA   Pues sí, y dale, porque tú me estás ocultan-
               do algo y sabes muy bien que a mí me pone
               de los nervios que me oculten cosas, por-
               que solo se ocultan cosas cuando uno tie-
               ne remordimientos. (GABRIEL *se levanta y se
               dirige a la puerta.*) ¿A dónde vas?

GABRIEL   A caminar. Necesito aire fresco.

               (*Sale dando un portazo.*)

Escena 8A
Día 6. Una semana más tarde. Noche

Están los cuatro sentados a la mesa cenando.

GUILLERMO   ¡Un caos, un auténtico caos!

LUZ   ¿Pero cómo puede ser?

LETICIA   Porque los súperjefes están en todas partes, menos donde tienen que estar, entrevistando a las candidatas.

GABRIEL   ¿Cómo puede ser?

GUILLERMO   Pues las paredes están sin pintar, las puertas no están puestas, el suelo se levanta, ya te digo, un caos.

LETICIA   Desde luego, no sé cómo logran que el hospital funcione.

LUZ   Con una buena arquitecta, estas cosas no os hubiesen pasado.

GABRIEL   Si es que...

GUILLERMO   Ya te digo yo que para la inauguración no estará acabado.

LETICIA   ¡Ay! No te lo he dicho, hemos de anular la comida de este *finde*, tengo guardia. ¿En qué estás?

LUZ   Vaya, a ver si no vas a poder decir lo del tono verde relajante y el mobiliario de madera.

GUILLERMO   ¡Qué tonta!

LETICIA   Guille, ¿en qué estás?

GABRIEL   Perdona, es que me ha llamado el capataz, que mañana no podrán encofrar por no sé qué historias.

GUILLERMO   Y las luces, bueno, las luces es un tema aparte, parece que los interruptores los hayan sorteado, nunca sabes que estás encendiendo, cuando se encienden, porque la mitad de las bombillas chisporrotean, mira como estas...

    (*La luz titila fuertemente por unos segundos. cuando deja de titilar, * LUZ *y* GABRIEL *se miran azorados y, abruptamente, se señalán.*)

LUZ
/GABRIEL   ¡Ahí está!

GUILLERMO	
LETICIA	¿Quién?
LUZ	
/GABRIEL	¡Él /Ella!
GUILLERMO	
LETICIA	¡Por Dios, cálmate!
LUZ	
/GABRIEL	¿No lo/la ves?
GUILLERMO	
LETICIA	¡Yo no veo a nadie!
LUZ	
/GABRIEL	¡Pero si está aquí!
GUILLERMO	
LETICIA	¿Aquí dónde?
LUZ	
/GABRIEL	Ven, ven a ver.

(LETICIA *va hacia la cocina y* GUILLERMO *hacia el dormitorio seguidos de sus respectivas parejas.*)

LUZ   (*Voz en off.*) ¿Lo ves? No es nuestro dormitorio, las cortinas son azules y qué me dices de este cabecero de Picasso.

GUILLERMO   (*Voz en off.*) Perdona, Luz, no quiero que te asustes, pero yo no veo nada raro.

GABRIEL   (*Voz en off.*) ¿De verdad no lo ves?

(*Salen* LUZ *y* GUILLERMO, *los siguen* GABRIEL *y* LETICIA.)

LETICIA   No, Gabriel, la cocina está como siempre, amarilla. Dime la verdad: ¿qué te has tomado?

GABRIEL   ¡Ya empezamos!

(LUZ *y* GABRIEL *se acercan, se miran profundamente y sonríen. La luz titila y todo vuelve a la normalidad.* LETICIA *y* GABRIEL *se sientan a la mesa mientras que* LUZ *y* GUILLERMO *permanecen en pie.*)

GUILLERMO   ¿Cómo que ahora no lo ves?

LUZ   No, ahora está todo normal.

GUILLERMO   ¿Y el cabecero de Picasso?

LUZ   No está, Guillermo, no está!

GUILLERMO   (*Preocupado.*) Luz, de verdad, esto solo son pequeñas alucinaciones consecuencia del cansancio, del stress. Es molesto, sí, pero no tienes por qué preocuparte.

LUZ	¡Cómo quieres que no me preocupe, si tienes una cara de preocupación que da miedo!
GUILLERMO	En el Hospital, visita el doctor Serra, es muy bueno, ya verás como tiene una explicación a esto que... y en nada todo volverá a la normalidad.
LUZ	¿El doctor. Serra no es psiquiatra?
GUILLERMO	Sí, ¿por qué lo dices? ¡Ah! ¿Por lo que pueda decir la gente? ¡Uy, va a un psiquiatra!!
LUZ	Te conozco Guille, por mucho que disimules, sé que algo no va bien. Creo que me estoy volviendo loca.

(GUILLERMO *la lleva hasta el sofá. Se sienta junto a ella. La abraza y la mece cantándole la canción que ella tarareaba.* GABRIEL *y* LETICIA *siguen frente a sus platos sin hablar.*)

Escena 8B

LETICIA   ¿Y la cocina que ves es verde manzana?

GABRIEL   Sí...

LETICIA   La verdad es que no es un color que me desagrade.

GABRIEL   En otro momento me reiría, Leti, pero de verdad que no puedo... ¿Qué vamos a hacer?

LETICIA   No lo sé. Puedo preguntar en el hospital a ver quién puede ayudarte.

GABRIEL   ¿Un psiquiatra?

LETICIA   Supongo, no sé, alguien que nos pueda dar una explicación.

GABRIEL   ¿Tú crees que me estoy volviendo loco?

LETICIA   Loco, loco, loco... ¿Qué es estar loco? La palabra loco se dice muy a la ligera...

GABRIEL   Leti, no le des vueltas... ¿Crees que me estoy volviendo loco? Sí o no.

LETICIA	No lo sé, de verdad... A priori, no tienes el perfil de una persona esquizofrénica, pero todo esto es tan atípico.
GABRIEL	Es que la toqué, Leti, nos dimos la mano para ver si éramos reales, y es real, se llama Luz, su marido, Guillermo, viven en la misma casa que nosotros... Si no estoy loco, ¿qué me está pasando?
LETICIA	Lo que sí sé es que no tiene nada que ver con las drogas.
GABRIEL	Claro que no, estoy limpio, Leti, ¿Cómo tengo que decírtelo? No tomo nada.
LETICIA	Sí, sí, ya lo sé, porque... nada.
GABRIEL	¿Porque qué?
LETICIA	Desde que la viste por primera vez, te he estado controlando.
GABRIEL	(Incrédulo.) ¿Me has estado controlando?
LETICIA	Quería estar segura.
GABRIEL	Contigo la he cagado más de mil veces, Leti, ya lo sé, pero siempre he reconocido mis errores, nunca te he mentido, pensaba que esto sí que te había quedado claro. «Yo no miento».

LETICIA   Un adicto nunca deja de ser adicto, solo, si puede, evita serlo...

GABRIEL   Te di mi palabra de que jamás volvería a consumir drogas, pero siempre tienes ahí la duda... siempre estás esperando que vuelva a tropezar.

LETICIA   Perdona, pero tengo derecho a saber con quién voy a pasar el resto de mi vida...

GABRIEL   (*Resignado.*) No sé qué es peor, si estar volviéndome loco o saber que nunca más vas a confiar en mí.

LETICIA   Gabriel...

GABRIEL   Búscame una cita con quien te dé la gana. Me da lo mismo.

LETICIA   Gabriel...!

(GABRIEL *va al dormitorio.* LETICIA *se sienta en el sofá junto a* GUILLERMO *y* LUZ, *y hunde la cabeza entre sus manos.*)

Escena 9A
Día 7. Una semana más tarde

> Luz *trabaja sobre un plano.* Gabriel *se acerca sigilosamente por detrás.*

LUZ

(Sin mirar.) ¿Estás ahí verdad?

GABRIEL

Sí, hace rato. Me gusta verte trabajar. Te aíslas completamente del mundo. En eso nos parecemos. *(Mira por encima del hombro.)* Yo abriría una ventana más en la habitación que da al este.

LUZ

¿Otra ventana?

GABRIEL

Así aprovecharías más la luz. ¿No te parece?

LUZ

Puede ser. Igual tienes razón.

GABRIEL

Claro que tengo razón.

LUZ

Ya veremos.

GABRIEL

Ya veremos que tengo razón. *(Miradas cómplices.)* ¿Qué tal? ¿Cómo te va todo?

LUZ   Más o menos, ¿y a ti?

GABRIEL   Bueno... más menos que más.

LUZ   Yo estoy harta de estudios médicos, de to-
           mografías, de electros, de mi psiquiatra, que
           no hace más que empastillarme.

GABRIEL   A mí me pasa lo mismo, pero en mi caso, a
           todo esto, hay que sumarle que mi relación
           con Leticia se está yendo al carajo.

LUZ   Vaya, ¡sí que lo siento! ¿Qué os pasa?

GABRIEL   Me cuestiona todo lo que digo, todo lo que
           hago. Es como si mi palabra no tuviese nin-
           gún valor, y tiene la particularidad de ha-
           cerme sentir que estoy loco, que pienso
           como un loco, que actúo como un loco...
           Creo que cada vez me soporta menos, y lo
           peor es que yo sí que cada vez la soporto
           menos.

LUZ   En cambio, a mí, Guillermo me asfixia con
           sus cuidados, me trata como si fuera de cris-
           tal, como si pudiese romperme en cualquier
           momento, y quizá tiene razón. Hasta que
           nos pasó «esto», yo era una mujer indepen-
           diente, segura, orgullosa de su fortaleza... y
           mírame ahora, no sé qué hacer con mi vida.

GABRIEL   ¿Tú te has preguntado alguna vez por qué
           nos ha pasado «esto»?

LUZ   ¿Alguna vez? Todos los días. No dejo de preguntármelo. He buscado por Internet, he leído todo lo que ha caído en mis manos, mis amigas me han recomendado terapias alternativas, biodescodificación, constelaciones, lectura de auras, lecturas de runas...¡yo qué sé! No te imaginas la de cosas que hay para arreglarte la vida...

GABRIEL   Leti me llevó a ver a una médium...

LUZ   ¡Ah, mira! Los médiums aún no los he probado... ¿Y qué tal?

GABRIEL   Nada, una charlatana de altísimo nivel, pura palabrería, solo consiguió confundirnos más. En fin, la verdad es que estoy cansado de «esto», bueno, de «esto» no, de sus consecuencias.

LUZ   Yo también, mucho, pero estoy aprendiendo a convivir con ellas: ya no me tomo las medicinas que me recetaron, finjo que las tomo para tranquilizar a Guille, pero van directas al wáter. Y cuando te veo, ya no se lo cuento a nadie. Es como cuando era niña y tenía un amigo invisible.

GABRIEL   ¿De verdad? ¿tenías uno?

LUZ   ¡Sí! Lucas, era mi mejor amigo, hasta que un día dejé de verlo. Igual contigo me pasa lo mismo.

GABRIEL   ¡Espero que no!

LUZ   ¿Cómo?

GABRIEL   No, nada. No me hagas caso.

LUZ   (*Mirando el plano.*) ¿Dónde pondrías el la-
             vabo, ¿a la derecha o a la izquierda? (GABRIEL
             se acerca por detrás y por un instante se que-
             da oliendo su cabello. LUZ *levanta la cabeza y*
             él se muestra totalmente incómodo al ser sor-
             prendido.) ¿A la derecha o a la izquierda?

GABRIEL   Creo que a la derecha, y pondría una ven-
             tana pequeña que dé al patio trasero.

LUZ   ¿Y por qué tiene que ser pequeña?

GABRIEL   (*Encogiéndose de hombros.*) Pues para que,
             desde el exterior, no se vea nada cuando al-
             guien esté en faena.

LUZ   Los hombres...

GABRIEL   ¿Qué...?

LUZ   Siempre tan prácticos.

GABRIEL   Pues sí.

LUZ   ¿Has oído hablar alguna vez del invento de
             las cortinas? Es muy práctico.

(Ríen cómplices.).

GABRIEL   Me voy a preparar un café. ¿Te apetece un te?

LUZ   Un té me sentaría de miedo.

GABRIEL   Pues marchando. *(GABRIEL va a la cocina y vuelve inmediatamente.)* Estoooo...

LUZ   ¿Qué pasa?

GABRIEL   Nada, un pequeño detalle... Esa es tu cocina y no sé dónde narices tienes las cosas.

LUZ   *(Suspirando.)* Ya voy. *(Va a la cocina, al asomarse, para en seco.)* ¡Uy!

GABRIEL   ¿Qué?

LUZ   Que la cocina que yo veo es la tuya...

GABRIEL   Perdón.

(Se miran, ríen y comentan. Cuando dejan de reírse se dan cuena de que está cogidos de las manos y se sueltan inmediatamente, se los ve un poco incómodos.)

LUZ   Nada, nada... perdona tú.

GABRIEL   Entonces..., ¿qué hacemos?

LUZ   Entra en mi cocina y yo te voy dirigiendo.

GABRIEL   ¡A sus órdenes!

               (GABRIEL *va a la cocina.*)

LUZ   En el armario de la derecha de la nevera tie-
               nes el café, el té y el azúcar. ¿Los ves?

GABRIEL   (*Voz en off.*) Sí. ¿Y las tazas?

LUZ   En el escurreplatos tiene que haber dos.

GABRIEL   (*Voz en off.*) Sí, ya las veo. Y también veo el
               hervidor. (LUZ *vuelve a trabajar en sus pla-
               nos.* GABRIEL *sale con las tazas.*) ¿A quién se
               le ocurrió comprar tazas negras?

LUZ   A la misma a la que se le ocurrió pintar la
               cocina de verde manzana.

               (*Ríen.*)

Escena 9B

Se escucha ruido de llaves en la puerta de calle. Se miran sorprendidos y, cómplices, se encogen de hombros. Entra GUILLERMO hablando por teléfono, deja su maletín sobre el sofá, se acerca a LUZ y la besa.

GUILLERMO   Claro, claro, por supuesto, claro, claro, claro... Sí, sin problema..., claro..., de nada..., a vosotros. Cuando quieras, cuando quieras.

LUZ   ¿El gerente del hospital?

GUILLERMO   Sí.

GABRIEL   Me dijiste que era pelota, pero tanto...

LUZ   ¡Psschhhttt!

GUILLERMO   Ya tenemos nueva fecha para la inauguración de la maternidad. Una nueva fecha que seguramente habrá que volver a cambiar, porque tal como van las obras... ¿Todavía trabajando?

LUZ   Ya ves.

GUILLERMO   ¿Cómo lo llevas?

LUZ   Bien, ya casi lo tengo listo. Unos toqueci-
             tos más y termino. Hoy creo que estoy ins-
             pirad.

             (Mira a GABRIEL con intención.).

GUILLERMO   ¿Y estas tazas? ¿Para quiénes son?

LUZ   (Nerviosa.) Para nosotros, como pensaba
             que llegarías en cualquier momento, lo ten-
             go todo medio preparado.

GABRIEL   A las mentirosas les crece la nariz. (LUZ le
             hace señas para que se calle.) ¿Por qué? Si
             no puede oírme.

LUZ   (Susurrando.) Pero yo sí te oigo y me pones
             nerviosa.

GUILLERMO   ¿Con quién hablas?

LUZ   Con nadie, estoy cantando.

GUILLERMO   ¿Estás bien?

GABRIEL   Sí, muy bien, estupendamente.

GUILLERMO   ¿Luz...?

LUZ   ¿Qué...?

GUILLERMO   ¿No estarás otra vez viendo... cosas?

LUZ   No, eso ya lo tengo totalmente superado.

              (GABRIEL *hace gestos de que le va a crecer la*
              nariz y LUZ *se esfuerza por no reír.* LUZ *coge*
              las tazas y va a la cocina.)

GUILLERMO   Pues, no sé, yo hoy te veo muy rara.

LUZ   (*Voz en off.*) ¡Ya vale, Guille! Te he dicho
              que estoy bien, y estaría mucho mejor si no
              estuvieras todo el tiempo preguntándome
              si estoy bien.

GUILLERMO   (*Va hacia la cocina.*) Ya, pero es que a mí me
              parece que tú no estás bien.

LUZ   (*Voz en off.*) ¡Estoy bien, joder, muy bien!

Escena 10A
Día 8 - Semana más tarde

LETICIA y GABRIEL *toman café enfrascados en sus móviles. GABRIEL cambia la música por la pieza que puso en la primera escena.*

LETICIA   Uy, esta música, mejor no...

GABRIEL   ¿Qué le pasa?

LETICIA   Prefiero otra...

(Entra LUZ y se sienta con ellos.)

LUZ   ¿No hay café para mí?

GABRIEL   *(Sorprendido, pero contento.)* Si tú no tomas café.

LETICIA   *(Enfrascada en el móvil.)* No, no quiero más café.

(LUZ y GABRIEL ríen disimuladamente. En todo el diálogo, LUZ habla en voz alta y GABRIEL susurra.)

GABRIEL   ¿Qué haces aquí?

LETICIA   ¿Cómo que qué hago aquí?

GABRIEL   No, se lo digo a una cosa que me ha salido en el teléfono.

LUZ   Estaba terminando de desayunar y he pensado: si tuviera el número de Gabriel lo llamaría y, ¡paf!, he aparecido aquí. Es de locos, ¿no?

GABRIEL   ¿Funcionaría?

LUZ   ¿Qué?

GABRIEL   Lo de llamarnos por teléfono, ¿funcionaría?

LUZ   No sé, igual sí, todo esto es tan raro…

GABRIEL   ¿Por qué no lo probamos?

LETICIA   ¿Estás hablando solo?

GABRIEL   ¿Yo? ¿Estaba hablando solo?

LETICIA   No sé, ¿hablabas conmigo?

GABRIEL   No, no… Me estaba quejando de las gilipolleces que te mandan por wasap.

                (LETICIA *vuelve a enfrascarse en el móvil.* GABRIEL *hace como que le llaman por teléfono.*)

GABRIEL   Hola... Sí, sí, me dijo que me llamaría. ¿Qué tal, cómo van las cosas?

LUZ   Bien, ¿y a ti?

GABRIEL   Bien, trabajando, siempre trabajando, pero no me quejo *(En voz baja.)* Tenía ganas de verte.

LUZ   Odio admitir que yo también.

      (GABRIEL *hace señas a* LUZ *para que le siga. Se sientan en el sofá.)*

GABRIEL   *(Susurrando.)* Hoy estás muy guapa.

LUZ   ¿Solo hoy?

GABRIEL   Estás guapa como siempre.

LUZ   Gracias. A ti te veo más relajado.

GABRIEL   Relajado, pero no guapo, quieres decir, ¿no?

LUZ   No, eres bastante guapo.

GABRIEL   ¿Bastante?

LUZ   Sí, bastante...

GABRIEL   O sea, que no soy guapo del todo, porque un vaso bastante lleno no está lleno del todo.

LUZ   No seas tonto, ya me entiendes...

LETICIA   (*Sale hacia la cocina.*) Nada, no hay mane-
          ra de saber a quién le han dado la plaza.

GABRIEL   (*Dice que no con gesto.*) Sí que estoy más re-
          lajado, sobre todo desde que hago lo que
          tú: tirar las pastillas por el wáter y no con-
          tarle a nadie lo nuestro. (*Ríen. Leticia sale
          y recoge las cosas del desayuno.* GABRIEL *al
          teléfono.*) Bueno, señor Gutiérrez, pues me
          paso a verlo...

LUZ   ¿Señor Gutiérrez? Te está creciendo la na-
          riz y por lo visto, a mí, el bigote...

GABRIEL   El de las cabañas, es un pesado...

LETICIA   ¿Quieres algo de la cocina?

GABRIEL   (*Le da la taza.*) Cuando le vaya bien, esta
          tarde, mañana... Sí, he hecho unos cambios
          en los planos y me gustaría que le diera el
          visto bueno.

LUZ   (*Riéndose.*) Yo, por asesorar, cobro.

GABRIEL   Espero que no sea mucho.

LUZ   (*Seductora.*) Depende...

GABRIEL   Tenemos que encontrar la manera de ver-
          nos cuando queramos.

LUZ   Ya, pero cómo, lo de apagar y encender la
                luz varias veces ya lo he probado y no fun-
                ciona.

GABRIEL   ¡No me lo puedo creer! ¿Lo has probado?
                ¡Yo también!

                (Entra LETICIA *y le dice por señas que corte
                la llamada.)*

Escena 10B

GABRIEL   ¡Señor Gutiérrez! Yo también, pero lamentablemente tengo que dejarle, tengo que llevar a mi pareja a la clínica, pero ya volveremos sobre el asunto. Pero si usted pudiese esperarme (*Mira intensamente a* Luz.), se lo agradecería. Adiós, adiós...

LUZ   (*Divertida.*) ¿Dónde te espero? ¿En tu casa o en la mía?

LETICIA   ¿La clínica?

GABRIEL   ¿Qué querías que le dijera? ¿Le cuelgo porque me voy al cine?

LETICIA   Pensaba que el proyecto de las cabañas estaba más que acabado.

GABRIEL   Los proyectos nunca se acaban... Venga, que llegaremos tarde.

LETICIA   No será por mi culpa.

GABRIEL   ¡Mierda! No le he pedido su número de teléfono.

(*Clava la mirada en* Luz.)

LETICIA   Lo tendrás registrado en el teléfono, ¿no?

GABRIEL   (*Nervioso.*) ¡Es verdad, qué tonto!

LUZ   Lo del móvil no creo que funcione, pero por las dudas, te lo dejo en la mesa.

            (*Escribe su número en una libreta.*)

GABRIEL   Ok, gracias.

LETICIA   ¿Ok, gracias, de qué?

GABRIEL   No sé, ¿he dicho gracias?

LETICIA   Hoy estás muy raro. ¿Cuándo tienes cita con el médico?

GABRIEL   Pasado mañana.

LETICIA   ¿Te estás tomando la medicación?

LUZ   No, la tira por el wáter, porque es un chico muy travieso.

            (*Ríen.*)

LETICIA   ¿Se puede saber de qué te ríes?

GABRIEL   (*Tratando de componerse.*) ¿Yo? De nada.

LETICIA   ¿Te estás tomando la medicación?

GABRIEL   Claro.

LETICIA   Hoy estás muy muy raro.

GABRIEL   *(Mirando a* Luz.*)* ¿Raro? ¡No! ¡Lo que estoy
               es loco, loco, loco... pero bendita locura!

               (Salen. Luz *coge una bufanda de* GABRIEL, *la
               huele cerrando los ojos y sale.)*

Escena 11
Día 9. Domingo mañana

GUILLERMO *sale de su cuarto y se dirige a la calle.*

GUILLERMO   Me voy, no tardo nada.

LUZ   (*Voz en off.*) Vale... (GABRIEL *sale de la cocina y* LUZ *del dormitorio.*) ¡Buenos días!

GABRIEL   ¡Buenos días, qué agradable sorpresa para una mañana de domingo!

LUZ   Hoy sabía que te iba a ver.

GABRIEL   ¿Sí? ¿Y por qué?

LUZ   No sé, los presentimientos tienen vida propia.

GABRIEL   Ya. Lástima que no funcionase lo del teléfono.

LUZ   Sí, una lástima. Lo que está claro es que estos encuentros no dependen de nosotros. ¿Y Leticia?

GABRIEL   Duchándose. ¿Y Guillermo?

LUZ   Ha ido a comprar el periódico.

GABRIEL   ¿El periódico?

LUZ   Sí, él es de la prensa de papel de toda la vida.

GABRIEL   Te he echado de menos.

LUZ   Pero si nos vimos el viernes.

GABRIEL   Sí, ya, pero, ¿qué quieres que te diga? Me gustaría verte todos los días. Será porque eres la única persona que me hace sentir que no estoy loco.

LUZ   A mí me pasa lo mismo, lo que no soporto es no poder controlar cuándo verte y cuándo no. Me vuelve loca.

GABRIEL   ¿Más loca?

LUZ   Sí, aún más loca. (GABRIEL y LUZ *ríen, se acercan, se miran profundamente a los ojos y se besan. Al separarse se miran con mucha ternura.*) ¿Qué estamos haciendo, Gabriel?

GABRIEL   Pues actuar como dos locos. Y los locos lo tienen todo permitido.

LUZ   No, hablo en serio. No me conozco, solo sé que verte me produce vértigo. Parezco una adolescente.

GABRIEL   Y yo, llevaba dos días soñando con este beso. *(Se lleva la mano a los labios.)* Creo que...

LUZ   ¿Qué...?

GABRIEL   Creo que me estoy enamorando. ¿Te has puesto roja? Pensaba que era algo que había pasado completamente de moda, pero me encanta.

(Le pasa la mano por el pelo. Entra LETICIA *secándose el pelo.)*

LETICIA   ¿Otra vez hablando solo?

GABRIEL   No, mi amor, hablar solo es de locos, y yo no estoy loco: estoy hablando con Luz.

*(*LETICIA *lo fulmina con la mirada.)*

LETICIA   ¿Está aquí? ¿La estás viendo?

GABRIEL   Por favor, Leti, ¿cómo voy a estar viéndola? Es una broma...

*(*LETICIA *se dirige hacia la cocina.)*

LETICIA   Una broma muy mala. Voy a prepararme un café. ¿Quieres uno?

GABRIEL   Sí, gracias, pero no me lo pongas en la taza negra.

(Mira a LUZ *y se ríen.)*

LETICIA	¿Qué taza negra? Si no tenemos tazas negras. ¿Qué te pasa hoy?
GABRIEL	Nada, nada. Era otro chiste, malo. Un café donde tú quieras, gracias.
LUZ	Y para mí, un té, si no te importa, Leticia, por favor.

(Se oye ruido de llaves. Entra GUILLERMO *con el periódico y una bolsa de papel.)*

GABRIEL	¡Hombre, ya estamos todos!
GUILLERMO	Hola....
LUZ	Hola.
GUILLERMO	Me he encontrado con Juan y hemos estado tomando un café, por eso he tardado más.
LUZ	No me he dado cuenta, se me ha pasado el tiempo volando.
GUILLERMO	Le he leído el texto de la presentación de la materni...
LUZ	¡No me lo puedo creer! ¿Cómo te has atrevido?

GUILLERMO   Bueno, a ver, no se lo he leído con papel y todo; es que me ha preguntado por la nueva maternidad, y, como me sé el texto de memoria, pues me ha salido solo, de corrido, y oye, le ha gustado mucho...

LUZ   Juan es muy educado...

GUILLERMO   No, no, parecía sincero, me ha dicho que se notaba que me entusiasmaba el proyecto.

LUZ   Lo que te digo, muy educado.

GUILLERMO   ¿En qué estás?

LUZ   En nada, estaba soñando.

GUILLERMO   ¿En...?

LUZ   En nada, cosas mías...

GUILLERMO   He traído desayuno.

(GUILLERMO *va a la cocina.*)

LUZ   Gracias.

GUILLERMO   (*Voz en off.*) He pensado que hoy podríamos ir a un restaurante.

LUZ   Hoy me toca cocinar a mí, ¿no?

GUILLERMO   (*Voz en off.*) Pues te toca fiesta.

GABRIEL   ¡Qué suerte, porque mientras dure este encuentro, tu cocina es mi cocina.

LUZ   ¡Uy, es verdad!!

GUILLERMO   (*Voz en off.*) Es verdad, ¿qué?

LUZ   Que me acabo de acordar de un trabajo que he de entregar mañana.

GABRIEL   Si esa nariz sigue creciendo, no podré besarte nunca más. Me sacarás un ojo.

LUZ   Pero sí que nos merecemos un restaurante.

GUILLERMO   (*Sale.*) Y uno bueno, tú esta semana te has matado a trabajar, y yo, con todo el lío de la maternidad, también. (*Le da unas hojas del periódico.*) Tu crucigrama.

LUZ   Gracias.

             (*Entra* LETICIA *con dos tazas de café.*)

LETICIA   Tu café.

GABRIEL   Gracias.

             (LUZ, GUILLERMO, LETICIA *y* GABRIEL *en escena.* GABRIEL *y* LUZ *hablan entre ellos en voz baja y tratan de ocultar la risa y su complicidad.* GUILLERMO *se sienta a leer el periódico.* LUZ, *a su lado, intenta resolver un crucigrama.* LETICIA *y* GABRIEL *están senta-dos tomando café.)*

LETICIA   *(Ve a* GABRIEL *ensimismado.)* ¿Estás bien?

GABRIEL   *(Mirando a* LUZ *con intención.)* Sí, muy bien, muy bien... ¿por...?

LETICIA   Me ha parecido que hablabas otra vez solo...

GABRIEL   Sí, ahora sí, estaba preparando la presentación de un proyecto...

*(*LUZ *hace el gesto de que le crece la nariz.)*

LETICIA   La verdad, Gabriel, es que me preocupas... y mucho.

GABRIEL   La verdad, Leti, es que no tienes de qué preocuparte. Estoy más que bien.

GUILLERMO   *(Por el periódico.).* Mira qué ofertas de viajes para semana santa más buenas. ¿Y si hacemos una escapadita?

LETICIA   Me han invitado a un congreso de pediatría en Canarias.

LUZ   ¿A dónde?

GUILLERMO   Al Caribe.

GABRIEL   ¿Al Caribe? ¡Ni hablar! Eso está lejísimos.

LETICIA   Al Caribe, no; tonto, a Canarias. ¡Ojalá fuera en el Caribe!

GUILLERMO   En el Caribe seguro que te terminarías de curar del todo, el nivel de estrés te bajaría a menos cero.

LUZ   ¿Tú crees? No sé si estoy preparada para un viaje tan largo.

GABRIEL   No, ya te lo digo yo, no estás preparada.

LETICIA   ¿Cómo que no estoy preparada? ¿Qué sabes tú de medicina? Me ofendes.

GABRIEL   No, quería decir... (*Mirando a* LUZ.), que no sé si yo estoy preparado para pasar tantos días sin ti.

LETICIA   Pues ven conmigo.

GABRIEL   ¿A dónde?

LETICIA   ¡A Canarias!

GABRIEL   Una segunda luna de miel.

LUZ   ¿Una segunda luna de miel?

GUILLERMO   Sí, yo creo que nos vendría bien, últimamente tengo la sensación de que nuestra relación se ha enfriado... ¿No te parece?

LETICIA   Bueno, el congreso es solo unas horas al día, así que tendríamos tiempo para nosotros...

LUZ   *(Mirando a* GABRIEL *con tristeza.)* ¡Quizá viajar me ayude a saber qué es lo que realmente quiero, a tomar esas importantes decisiones que no me atrevo a tomar.

GUILLERMO   ¡Epa! ¿a qué viene esa cara?

(La levanta el mentón y la besa. GABRIEL *da un puñetazo suave sobre la mesa y se gira para no verlos.)*

LETICIA   ¿Se puede saber qué te pasa?

GABRIEL   Perdona, me duele la cabeza.

LETICIA   ¿A qué viene este cambio de humor tan repentino?

GABRIEL   *(A* LUZ.*)* Por favor, no te vayas.

LUZ   Tengo que hacerlo.

GABRIEL   No te vayas...

LETICIA   ¿Pero qué te pasa?, ¿me dices que vas a venir a conmigo y ahora que no me vaya?

GABRIEL   *(A* LUZ.*)* Por favor...

LUZ   No me confundas.

GUILLERMO ¿Qué es lo que te confunde? No te entiendo, Luz.

GABRIEL Si hay algo que tengo claro es que no quiero confundirte. Me quedo en casa.

LUZ No me hagas caso.

(*Se reclina sobre* GABRIEL.)

GABRIEL (*A* LUZ.) No te vayas.

LETICIA No puedo no ir, es trabajo, soy la nueva directora de la maternidad.

GABRIEL ¿Y qué voy a hacer aquí, sin ti?

LETICIA Son solo dos días, y además, lo hemos hablado mil veces, nuestro trabajo es lo primero.

GABRIEL Tienes razón. Alejarnos nos va a venir muy bien a los dos. Nuestra relación necesita un respiro. Me parece bien que vayas.

(*Durante el siguiente diálogo,* LUZ *pone caras, hace muecas y señas a* GABRIEL *para intentar que se calme, que se calle. En ningún momento se da cuenta de que* GUILLERMO *la observa con mucha preocupación porque es consciente de que* LUZ *está viendo algo que él no puede ver.*)

LETICIA No es eso lo que acabo de escuchar.

GABRIEL	Bueno, lo acabas de escuchar ahora.
LETICIA	La verdad, Gabriel, es que cada día que pasa...
GABRIEL	¿Qué?
LETICIA	Cada día que pasa tengo más claro que hay algo en tu cabeza que no... que no funciona bien.
GABRIEL	*(Muy molesto y levantando el tono.)* ¿Algo? ¿Qué algo? ¿No te atreves a decirlo? Dilo, dilo, ¿que estoy loco?
LETICIA	Yo no he dicho eso.
GABRIEL	Pero lo piensas. Estoy harto de tu falta de confianza, de tu obsesión por controlar cada segundo de mi vida, harto de que me mires como un loco, como un enfermo.
LETICIA	Es que estás enfermo, Gabriel, estás yendo al médico.
GABRIEL	Porque me obligas a ir, pero no lo estoy.
LETICIA	Gabriel...
GABRIEL	No, Leticia, no estoy enfermo. ¿Sabes qué es realmente lo que me pasa? ¿eh? ¿quieres saberlo?

LETICIA   ¿Qué?

GABRIEL   ¡Que estoy enamorado, Leticia, enamorado!

LETICIA   ¿Enamorado?

GABRIEL   ¡Si, enamorado, lo que escuchas, enamorado de Luz!

LETICIA   ¡Luz no existe, Gabriel, no existe! ¡A ver si
te enteras! Solo existe en tu cabeza.

GABRIEL   Luz existe y ahora mismo está sentada en
ese sofá mirándome con cara de «no me
puedo creer que Gabriel esté haciendo lo
que está haciendo».

LETICIA   Ahora sí que te has vuelto loco. Loco, no;
completamente loco.

GABRIEL   *(A Luz.)* Sí, tan loco como ella... ¡y es una
locura tan hermosa! ¡Lástima que tú no pue-
das disfrutarla!

GUILLERMO   *(Cada vez más fuerte.)* Luz, Luz... ¡Luz!
¿Qué te pasa?

                *(Luz se pone de pie sobresaltada y les habla
a los dos, pero más a Gabriel.)*

LUZ   ¿Qué?

GUILLERMO   ¿Qué te pasa?

LUZ   ¿Qué me pasa?

GABRIEL   ¿Estás bien?

LUZ   Sí...

GUILLERMO   Luz... ¿qué te pasa?

LUZ   Me pasa que si esto es locura, no encuentro mejor sitio en el que vivir. Pasa que he comprobado que existen los mundos paralelos y que se puede viajar de uno a otro si descubres la puerta, o el vórtice, de entrada.

LETICIA   Gabriel...

LUZ   Pasa que me acabo de dar cuenta de este comedor es uno de esos vórtices que comunican con otros mundos. Pasa que soy más feliz en ese otro mundo que en mi mundo de toda la vida.

LETICIA   Gabriel...

LUZ   Pasa que cuando estoy en ese otro mundo no quiero regresar, y el secreto para no regresar, el secreto para quedarse en ese otro mundo, es alejarse de este vórtice.

    (GUILLERMO y LETICIA *miran a sus parejas sin atreverse a interrumpirlos ni qué hacer.*)

GUILLERMO   Voy a llamar a tu médico.

GABRIEL   ¿De dónde has sacado todo eso?

LUZ   De libros, de Internet, preguntando...

LETICIA   Gabriel, mírame, ¿estás bien?

GABRIEL   ¿Y desde cuándo lo sabes?

LUZ   Desde que me mataba el ansia de verte y no saber cómo llegar hasta ti.

GABRIEL   Luz...

LETICIA   Creo que tienes que someterte a un tratamiento más riguroso, más controlado...

GABRIEL   ¡Control, control, control! ¿Es la única palabra que se te ocurre?

LETICIA   Quizá deberías internarte...

GUILLERMO   Probablemente, quizás, tendrá que ajustarte las dosis.

GABRIEL   Tranquila, Leti, he encontrado la solución a todos nuestros problemas, bueno, yo no, la ha encontrado Luz.

LUZ   ¿Cuándo nos vamos?

GUILLERMO   ¿A dónde?

GABRIEL   Nos vamos ahora mismo. No sé si tendremos otra oportunidad.

LETICIA   ¿A dónde nos vamos?

GABRIEL   Tú no, Luz y yo.

LUZ   Cuando quieras.

GUILLERMO   ¿Luz, con quién hablas?

LUZ   Adiós Guillermo, no te preocupes, estaré bien.

(LUZ le envía un beso.)

GUILLERMO   ¿A dónde vas?

GABRIEL   Leticia...

(Le hace un gesto de «esto es lo que hay». LUZ y GABRIEL se cogen de la mano y salen.)

Escena 12
Día 12. Dos años después

LETICIA *entra arrastrando una maleta, coge la cartera de la mesa y revisa su contenido como corroborando que no falta nada. Recorre el salón, con aire nostálgico, deteniéndose en cada adorno, portarretratos, pasando sus dedos sobre ellos. Entra* GUILLERMO. *Ninguno de los dos es consciente de la presencia del otro. Llama por el móvil.)*

LUZ   (*Voz en off.*) Hola, soy Luz, en este preciso momento no puedo coger el teléfono, porque seguramente estaré haciendo algo importantísimo, pero si me dejas un mensaje, te devolveré la llamada en cuanto tenga un segundito libre, de verdad. Gracias!

       (GUILLERMO *cuelga el teléfono y sale. Suena el móvil de* LETICIA.)

LETICIA   Hola, mamá... Sí, lo tengo todo listo... Estoy esperando un taxi... Sí, la venta de la casa está decidida del todo. Han pasado dos años, no puedo seguir viviendo aquí...

(*Sale* Leticia. *Entra* Guillermo *con un café mientras oye el mensaje del móvil*

Luz   (*Voz en off.*) ...pero si me dejas un mensaje, te devolveré la llamada en cuanto tenga un segundito libre, de verdad. Gracias!

Guillermo   Hola, Luz, soy yo otra vez... He decidido vender la casa. No ha sido fácil tomar esta decisión, pero es que sus paredes me asfixian, me pesan, me pesan tanto como tu ausencia. Tengo que continuar con mi vida así que...

Leticia   No lo sé, mamá, este viaje lo hago precisamente para encontrar respuestas, para encontrarme a mí misma...

Guillermo   Este es el último mensaje que te dejo. Al parecer, nunca has encontrado ese segundito para llamarme, me mata no saber dónde estás, de verdad, me mata, pero sea cual sea ese lugar, solo quiero que estés bien, que seas feliz.

Leticia   Sí, claro que voy a cuidarme... sí, por supuesto, te llamaré a todas horas.

Guillermo   Me resulta tan difícil, tan duro, elegir un nuevo camino sin ti. Creo que siempre estaré buscándote entre la gente. Te quiero.

LETICIA   Mamá, ¿te han dicho alguna vez que puedes ser muy pesada? Sí, yo también te quiero mucho. Un beso. (LETICIA y GUILLERMO *cuelgan a la vez y se quedan absortos en sus pensamientos. La luz empieza a titilar. Cuando para el titileo se descubren.*) ¿Quién es usted? ¿Qué hace aquí?

GUILLERMO   ¿Y usted? ¿Por dónde ha entrado?

LETICIA   ¡Por dónde ha entrado usted! Voy a llamar a la policía.

GUILLERMO   ¿Leticia?

(Se miran atentamente abriendo muchos los ojos como si de pronto comprendieran todo.)

LETICIA   ¿Guillermo?

Apagón.

Esta primera edición de *locuras paralelas*,
de Gabriela García / Paco Mir, terminó de imprimirse
en marzo de dos mil veintiséis,
en Madrid.